Todo lo que nunca me atreví a decir(me)

JULIA FERNÁNDEZ BLANCO

Todo lo que nunca me atreví a decir(me)

Edición y corrección: Letropía

Ilustrador: Sergi Fragua Ortega

Diseño y maquetación: Signo Comunicación - signocomunicacion.es

ISBN: 9788409496112

Para todos aquellos que han cargado durante tanto tiempo con secretos, emociones reprimidas y verdades nunca dichas.

Espero que este libro pueda convertirse en vuestra voz.

Prólogo

Siempre he pensado que lo que más nos atormenta no son las palabras que ya hemos dicho, sino justamente aquellas que aún guardamos bajo llave, porque tememos profundamente pronunciarlas en voz alta. Precisamente porque eso significaría que alguien más podría oírlas, incluso nosotros mismos.

Y por eso, en el fondo, nos avergüenza admitir nuestra propia verdad. Ocultamos las mentiras durante tanto tiempo tras una venda, para así poder seguir contándonos todas aquellas historias que nosotros mismos decidimos inventarnos; porque, a fin de cuentas, éramos totalmente incapaces de lidiar con el dolor que nos aportaba las que sí sucedían en realidad.

Y así, refugiados en ese interminable vacío, se nos acaba pasando la vida: tratando de esconder todos esos secretos para que nadie nos vea como realmente somos. Para que nadie descubra que, de puertas para dentro, todo está totalmente abandonado, deshabitado y probablemente, también en ruinas.

En este libro están todas esas verdades. Todas aquellas palabras que siempre nos hemos querido decir, pero que nunca hemos encontrado el valor necesario para poderlas escuchar.

Así que, llegado este momento, el cambio solo depende de ti. Tú decides si quieres seguir bloqueando tus palabras y todos esos secretos. O si bien, por el contrario, conseguir aliviar esa tensión que provoca la indecisión de no saber quién eres, de no saber quién quieres ser, porque te da miedo cuestionarte quién has sido.

De permitir que, al fin, se cumpla esa leyenda de la que todos hablan y ese hilo rojo pueda unir para siempre aquello que estaba destinado a ser: tu cerebro y tu corazón, la razón con la emoción y tus luces con absolutamente todas y cada una de tus sombras.

Crisálida

He vivido una gran parte de mi vida besando el asfalto,
he sentido cómo no me respondían ni mis propios pies
justamente porque insistía en atármelos
a los mismos muros que me bloqueaban los silencios.

Me he enredado tantas veces con las mismas cadenas
que aún sigo buscando esa combinación que consiga deshacerlas.
Pues después de tantos meses instaladas en mi vida
me niego a aceptarlas puramente como mías.
Y por eso, hoy, he decidido que ya no quiero ser herida.

Hay instantes en los que te das cuenta de que las paredes
solo son espejismos que se rompen al mirarlos,
barreras que tú mismo creas porque no sabes creerte,
porque no has sabido quererte.

Y me están saliendo patas.
Y me están creciendo alas.
Y estoy sintiendo esa metamorfosis completa,
mi propia reforma integral.
Y es que ya no quiero ser esa larva que besa el asfalto.

Solo quiero recobrar de nuevo mis colores,

abrir mis propias alas,

posar mis pies sobre las flores,

salir de esta cápsula que me aprieta

y poder, al fin,

volar.

Dos noticias

La vida es una jaula
y tú el pájaro que la habita.

La mala noticia es que estás atrapado
y que el tiempo se acaba.

La buena es que tienes la llave:
recuerda que sabes volar.

El mar a lo lejos

Mirando al mar me doy cuenta
de que al igual que él,
yo también tengo el don de volverme infinita.

Y de que existe dentro de mí un verano
que nunca ha tenido la voluntad certera
de querer acabarse.

Mis manos que ahora me queman
se vuelven de arena
y construyen castillos tan altos,
pero tan alcanzables a la vez
que ahora me atrevo a saltarlos,
pues siento que nadie me agarra las alas,
ni me sujeta los pies.

Qué suerte haber podido entender
que no necesito a ningún príncipe
que venga a rescatarme.

Hay sirenas que son capaces
de conseguir lo que desean
sin tener la necesidad de embriagar
a otros con sus cantos,
solo teniendo la valentía
de contar su propia verdad.

Y tengo verdades que saben a agua salada
y que son tan profundas como lo es el mar.

Sitios recónditos en los que me sigo ahogando
y a los que soy incapaz de llegar
porque cada vez que lo intento
siento que el aire no me alcanza
y tengo que salir a respirar.

Espero que me entiendas:
mis verdades son personas.

Unas insisten en volverse ancla,
obligándome a mantenerme flotando a la deriva
en lugares en los que no se me permite avanzar.

Y otras, las mejores,
que solo han aspirado a ser salvavidas
y que, como su nombre indica,
han conseguido salvarme.

Todas y cada una de mis vidas

No sé si me sigues esperando.
Si sigues buscando las respuestas
a esas preguntas
que nunca quisiste formularme.

Esas palabras que tenías miedo
de que pronunciara
porque en el fondo te asustaba
que descubriera tu verdad.

No sé si te seguirá apeteciendo
el café por las mañanas,
si continúas odiando despertarte temprano,
por si te sigues encontrando
con tus fantasmas en la madrugada
justo en el momento en el que abres los ojos
para posponer de nuevo el despertador.

No sé si has vuelto a recordarme, a imaginarme
cuando alguien pasaba cerca de ti con mi perfume,
cuando alguien reía cerca de ti evocando mi risa,
cuando alguien te abrazaba los silencios
como en tantos instantes en los que logré hacerlo yo.

No sé qué será de ti.
No sé si me seguirás esperando,
ni si te seguirá apeteciendo
el café por las mañanas;
ni siquiera puedo saber
si has vuelto a recordarme, a imaginarme.
La verdad, no lo sé.

Solo sé que te estoy esperando,
que te he esperado siempre
y que todas las vidas que viví
sin tenerte cerca
fueron simples episodios
que solo me atrevía a mirar desde las gradas.

Confesión

La muerte no me asusta,
porque ya conozco su final.

A lo que verdaderamente
le temo es a la vida.

Porque a pesar de que
la experimento día tras día,
aún no he aprendido cómo vivirla.

Hay determinados tipos de amor que es mejor tenerlos lejos

Tú siempre hablabas de la eternidad
como si fuera un pájaro
que pudieras atrapar
entre tus frágiles manos,
para así conseguir parar el tiempo
y bloquear también su vuelo.

Y es curioso cuando, a veces,
quieres entender la dualidad
que te ofrece el tiempo,
pero no puedes.

La eternidad que nosotros conocimos
(y de la que tú tanto me hablabas),
tuvo la increíble capacidad
de durar solo un instante.

Y el dolor pasa a crecer allí dónde no hay nada
y aquello que más deseas que perdure
curiosamente es lo que más efímero se vuelve.

Y entendí que, desgraciadamente,
el amor no siempre es la solución para todo.

Una vez más te equivocaste.
Otro golpe más consciente contra la pared.

El amor puede ser la puerta hacia todo
o la jaula en la que decidas encerrarte.

Un amor que no cuida,
que no respeta,
que no entiende
y que no ama,
pasa de ser la solución
a convertirse en el problema
de absolutamente todo.

Detalles sobre el fracaso

El fracaso no me asusta,

porque sé que no existe.

Uno más uno ahora ya son dos

Desde que llegaste todo ha dejado de restar
y cada vez que me vuelves a mirar
florecen de nuevo todas las vidas
que durante tanto tiempo insistí en dejar escapar.

El aire ahora me cuenta otras historias,
los espejos al fin han tenido la decencia
de devolverme mi reflejo
y las caricias ajenas
ya no me arañan los recuerdos.

Al fin, las operaciones tienen resultados
que ya no me asustan.
Al fin, la cruz del cálculo
que resume mi vida
ya no me crucifica.

Y es que tus manos,
culpables,
tuvieron la fuerza
de convertirse en hogar.

Verdades

Yo ya sé curarme sola.
Prefiero abrazar mis miedos,
antes que aprender a caminar
sobre tus cristales.

Fantasmas

No le tengas miedo a la soledad,
no te tengas miedo a ti,
eres tú contra quien luchas.

Debes entender que los fantasmas
(al igual que todo lo demás)
acostumbran a desaparecer
si los enfrentas.

Y no cuando te sientas con tus armas
esperando a que aparezcan.

Todo sigue siendo igual

Si algún día regresas,
no lo hagas como siempre.
Esta vez, al llegar, intenta olvidar
que nunca pudimos olvidarnos.

Grítale con rabia a los momentos
que jamás podremos ser capaces de recuperar
y destroza sin piedad las agujas de ese reloj
en un falso intento por querer parar el tiempo.

Por lo que, hazlo, no tengas miedo.
Destruye las cadenas que envuelven mi fachada,
ignora todas las alarmas que programé a conciencia
y no temas romper este silencio que últimamente
está teniendo la mala costumbre
de querer acompañarme.

Recoge con cariño,
una a una,
todas aquellas palabras vacías
que te atreviste a decirme,
aun sabiendo que nunca fueron verdad.

Quítale el polvo a nuestra historia,

limpia las marcas de esta ausencia

que está más presente que nunca

y que no quiere dejar de formar parte de mí.

Y, sobre todo, procura que nada cambie.

No olvides volver a dejar mi tristeza (y tus mentiras)

otra vez en su sitio,

y asegúrate de volver

a cerrar al marcharte.

¿Lo ves?

A simple vista todo sigue igual,

excepto la posición que me colocaba

a mí con respecto a ti.

Es por eso, mi amor,

que si algún día regresas,

no esperes encontrarme

esperándote impaciente detrás de la puerta.

A simple vista todo sigue siendo igual,

    —**menos** nosotros—.

¿Lo entiendes?

Lo que resta, aunque lo intentemos,

nunca podrá llegar a sumar.

Realidades

Ese ataque al corazón
que, aun sabiendo
que se estaba produciendo,
lo dejamos, a conciencia,
morir.

En eso se basó,
lamentablemente,
toda nuestra historia.

Si tuviera que explicarte

Tendría que empezar confesando que el infinito
desde hace tiempo ya me sabe a poco,
ahora que sé que la primavera tiene la capacidad
de volver a posarse sobre tus pupilas.

Que eres más fuerte de lo que te has hecho creer,
que la claridad que penetra por tus rejas
ahora se ha convertido en el faro
que ilumina mis naufragios.

Tú, que insistes en presentarte
como una muñeca rota y averiada,
aún no entiendes que tus vértices
han logrado reconstruir las heridas
de todos y cada uno de mis costados.

Por lo tanto, sé que sería muy simple:
si tuviera que explicarte,
no me quedaría más remedio
que gritar todo lo que soy gracias a ti.

No me quedaría más remedio
que describirme a mí contigo.

Así que te lo pido,
por favor,
no me culpes.

Pero es que,
desde que llegaste,
ya no sé existir
de ninguna otra manera.

Tiempo

Es verdad.
Lo sé.
El tiempo no lo cura todo,
pero, al menos,
(y sin buscar menospreciarme)
ha tenido la decencia
de ordenar este maldito desastre.

El día en el que decidí romper con todo

Ya lo entendí.
Por eso, ese día, lloré por ti
y, por primera vez,
también lloré por mí.

Y por la incapacidad
que ambos tuvimos
de poder volver
a hacernos felices.

Y es que ese día, al fin,
me forcé a enfrentarme
a todos esos vacíos
que durante tanto tiempo
insistí en querer esquivar.

El cielo pasó a convertirse
en aquel lugar terriblemente hostil,
cuando los dos nos volvimos unos lobos
intentando engañar a Caperucita.

Compitiendo por ver quién tenía
el ego más grande
y la conciencia más tranquila.

Engañándonos en el fondo,
hiriéndonos a las espaldas,
pero mostrándonos fuertes
al mirarnos a los ojos.

A pesar de todo,
tienes que saberlo:
la realidad es mucho más cruda
de como tú la pintas.

Y yo postrada en ella,
como un verbo que se recrea,
que se maltrata y que se rehace
   —valga la redundancia—
aprendí a la fuerza a convivir con ella.

A pesar de todo,
tienes que entenderlo:

tú podrás rechazarme,
pero yo jamás
voy a volver
a rechazarme a mí.

Duelo

A veces, lo que más cuesta entender
tras una ruptura es que,
cuando algo se acaba,
la lucha más difícil no se vuelve
con la ausencia de la otra persona,
sino con la presencia rota de uno mismo.

Despedidas

Perdí a mi abuela
que luchó años contra un cáncer,
pero que a pesar de sus infinitas batallas
nunca se atrevió a bajar las armas.

Y es que solo podía ser ella
quien me seguía sonriendo como si nada
pese a que en el fondo sabía
que, aunque doliera aceptarlo
hacía mucho tiempo,
que todo ya estaba perdido.

Absolutamente todo menos tú,
que para mí ya habías ganado
porque estuviste agradeciendo a la vida
incluso hasta cuando ella
decidió dejar de acompañarte.

Y por eso y desde entonces,
cada vez que me hablan de valentía
yo solo puedo hablar de ti.

Dolor

El dolor nos cambia
y la sal posada en los tobillos
siempre nos recuerda
que nunca dejó de escocer.

Quizá las heridas nunca cierren
y quizá sea verdad eso que dicen
de que, a pesar de todo,
el tiempo no puede curarlo todo.

Pero es que vuelves a mirarme
y es entonces
cuando me doy cuenta,
de que jamás quiero volver
a convertirme en un recuerdo.

Incongruencias

No quiero que vuelvas.

En el fondo nunca quise que volvieras.

Pero cuánto hubiese deseado

que jamás te hubieras ido.

Piedra, papel o tinieblas

Un simple juego de niños
se volvió mi pesadilla
desde aquel día en el que,
        —tú mismo—
decidiste invertir
e imponer tus propias reglas:

Tu corazón de **piedra**,
descubrió la manera
de **cortar** a pedazos
a mis sentimientos
formados a base de **papel**.

Y desde entonces,
sé que ya no gana
el mejor de tres.

Y desde entonces,
sé que ya no gana nadie
        —al menos—,
desde ese preciso instante
en el que, por tratar
de esquivarte,
me rompí.

Ocupar mi lugar

Mírame:
ya no soy la de antes.

Justamente porque eso
significaría ser previo a algo

y yo solo sé ocupar
todos mis principios.

He vivido mil vidas dentro de una

He sido tantas personas
que aún me cuesta creer
que todas ellas hayan podido caber
        (y existir)
dentro de un solo cuerpo.

He sido la cara y la cruz
en una misma moneda.
He sido azar, juego y probabilidad,
y por eso también me acabaron
lanzando por los aires.

Y es ahí donde entendí que,
en las manos incorrectas
(y por mucho que lo deseara)
siempre iba a ser cruz.

He sido la buena y la mala
en ciertas historias mal contadas,
porque amé sin límites a personas
que lo único que se dignaron a hacer
fue atreverse a ponérmelos.

He sido la herida y el puñal
y se me han desangrado los sueños
manchándome de realidades
aquellos que jamás pude cumplir.

Pero crecer es, a la vez,
entender que a veces alguien
perfora tu herida
y otras muchas veces,
eres tú mismo quien deja la cicatriz.

También fui una niña inmadura
pasados los dieciocho
y me encapriché con personas
que estaban destinadas a ser,
estar y permanecer,
pero ya no conmigo,
—al menos ya no conmigo—.

He sido alguien que se hundía
en su propio y profundo vacío:
nunca aprendí a querer bien,
quizás porque, nunca, nadie
me enseñó **cómo quererme**.

Aunque en el fondo no los juzgo
—sé que no debo hacerlo—,
solo pueden hacerlo los que saben,
pero es que últimamente existimos
en un mundo de cristal
y todos andan rotos.

He sido, fui y seguramente seré.
He vivido tantísimas vidas
y he sido a la vez tantísimas personas
que ahora sé perfectamente
quién no quiero, jamás,
por nada ni por nadie
volver a ser.

La clave

Ya no me da miedo la soledad.
A mí lo que realmente me asusta
es mi propia compañía.

Justamente porque conozco
de sobra todas mis heridas
y sé perfectamente cómo abrirlas.

Persiguiendo imposibles

Ya nadie arde por lo que ama,
solo se arrastran por las sombras
siguiendo los pasos de alguien
que ya no existe.

(O al menos, ya no
como lo recordaban).

Golpes de realidad

Da igual lo que tú sientas,
al final, todo acaba desapareciendo,
aunque lo protejas.

Vivir de verdad

Ojalá que te hayas roto,
que vuelvas llena de cicatrices,
que te tirite el alma
y también te tiemble el pulso.

Ojalá que hayan pronunciado
tu nombre centenares de personas,
que hayas querido sin temor a que se acabe
y que, a pesar de eso, te sigas queriendo,
aunque todo esté acabado.

Ojalá estés haciendo lo que amas
y no aquello que te han exigido
que debes amar.

Ojalá hayas invertido
hasta el último céntimo en ti,
en viajar, en sanar, en vivir
y no en cosas triviales
con el único fin
de impresionar a los demás.

Ojalá acabes cargando
más historias
que miedos
y no al revés.

Te deseo todo esto
porque sé
que solo así podrás decir
que, a pesar de todo,
habrás aprendido
a
    vivir
        de
            verdad.

Aunque duela

A veces,
lleva años poder entender
que hay personas
con las que esperabas
compartir toda tu vida,

pero, por desgracia,
(y desde hace ya un tiempo)
solo puedes compartir recuerdos.

La noria

Imponente, enorme, circular,
pero también limitada y finita.
Aunque puedas observarla desde lejos
no es fácil entender su magnitud
hasta que te plantas de verdad frente a ella.

Sé de sobra que subirme tiene un precio,
a veces, quizás incluso demasiado elevado,
el cual mucha gente no está dispuesta,
no puede o se niega a pagar.

Algunos lo gastarán en otras cosas
quizás en nuevas atracciones, golosinas,
entretenimientos totalmente banales
u otras cosas que les hagan olvidar
—solo por un instante—
que, aunque les duela,
el mundo no gira en torno a ellos.

Solo espero que no pierdas la oportunidad,
que te hayas atrevido a subir,
que hayas pagado el precio,
aunque sepas que te aterran las alturas.

Te deseo que disfrutes, que vivas,
que respires, que grites y que aprendas
a observar la vida desde otra perspectiva,
porque a veces todo parece enorme,
hasta que lo miras desde arriba.

Y no olvides disfrutar de las vistas:
no siempre estarás arriba.
Pero, por el contrario y por suerte,
tampoco vas a estar siempre abajo.

Y en el fondo eso me calma.
Porque sé que para bien o para mal
nada podrá inundarme estas ganas.

No sé si has podido entenderlo.
Te invito a que vuelvas a leerlo,
teniendo en cuenta que
la razón de todo esto
es entender que la vida
acaba siendo también como esa noria.
Al final solo necesita
de un mecanismo o motor
que la incite a seguir girando
y un lugar donde apoyarse
para poder seguir en pie.

Deseos

Aún me cuesta creer
que alguien quiera quererme.

Me he pasado tantos años
caminando sobre campos de espinas
que todavía en cada paso en falso
me siguen sangrando las heridas.

Aún me cuesta creer que
una persona que esté entera
quiera querer a alguien
que se ha pasado
tantos años vacía.

El silencio y la calma

No siempre acepté la compañía,

las presencias cargadas de ausencias

las palabras acompañadas con peros,

los abrazos que no reconstruyen las ganas.

Es por eso que,

demasiadas veces,

buscaba solo el silencio.

El sonido que emanaba la calma

justamente porque conocía

las consecuencias

    —tan dolorosas—

de tener que convivir con el ruido

y que no te aportase

absolutamente

    N

        A

           D

             A.

Heridas

Todas nuestras heridas
tienen algo que contar:

Las que están cerradas
te recuerdan que pudiste,
que viviste.

Y las que aún siguen abiertas
son historias que todavía sangran
porque no te las dejas de contar.

La cara B de las pantallas

Vivimos en un mundo
hiperconectado.

Sin embargo,
ya no sabemos
cómo conectar.

Conocerse

Me he pasado media vida
evitando el sufrimiento
y he preferido la rutina
antes que afrontar (de nuevo)
otra triste despedida.

He amado a tantas personas
—tanto y tantas veces—
que ya reconozco a quien, nunca,
podrá amarme como amo,
porque solo saben querer bien
cuando se trata de sí mismas.

He aprendido a vivir
con mi presencia,
con esa voz que a veces pesa,
que nunca cesa,
ni me suelta.

Sin embargo,

aún no he logrado aprender

a convivir con mi propia ausencia,

con esta inexistencia de nada,

con este vacío hacia todo,

con esas mitades que, aunque quieran,

ya nunca podrán volver a juntarse.

Supongo que lo que más me avergüenza

es tener que reconocerme que,

aunque haya pasado

toda mi vida conmigo,

aún no me conozco de nada.

Repetir

La gente aún me pregunta por ti
y yo ya no sé cómo explicarles
que hace tiempo que dejaste de estar,
aunque no tanto desde que
decidiste irte de verdad.

Pero en el fondo sé que no lo entienden:
para que hubiese podido
seguir existiendo un nosotros,
tendría que haber destruido
el yo que me sostiene,
deshacerme de mí,
olvidarme de mí,
para así acoplarme en ti.

Para así poder quererte
para poder formar parte de ti
y poder pertenecer a una vida
en la cual la única pieza
que nunca iba a lograr encajar
era yo,
solo yo.

Prioridades

No es quien nunca se va,
es quien te promete estar,
aunque ni tú mismo estés,
aunque ya no puedas verte.

No es quien te jura y te perjura
que ya no existirá jamás el dolor,
ni las tardes grises
que acaban en fríos y solitarios
domingos por la tarde.

Ni siquiera es quien te muestra
la cura a tu agonía,
justamente porque
sabes que no existe.

Es quien a pesar de tener que irse,
lo deja todo para quedarse
y se queda.
Y, además,
lo hace de verdad.

Capacidades

El final de todo esto
tú ya te lo sabes.

Justamente porque
has comprendido
que solo vuela quien cree
que puede hacerlo.

Y no quien presume de tener alas
para luego nunca usarlas.

Perdón sincero

57

Abrazar y querer a las sombras de lo que un día fui.

La única manera

Aprendí a mirarte
a observarte
y a quererte

                    desde lejos.

Aunque me duela,
es la única manera
en la que sé que lo nuestro
podría haber funcionado.

Inexactitud

El momento preciso en el que te das cuenta
de que ya no piensas igual que los demás
y de que esos ojos que no podías parar de mirar
ahora se vuelven espejos rotos que cortan
cuando los tratas de juntar.

Esa puerta que con el paso del tiempo
se oxida, pero no se puede cerrar.
Como esa sonrisa que regalas
y te devuelven en forma de bala.

El secreto imposible que esconde el sol
buscando desaparecer tras un día nublado
y ese amanecer que más que dar luz,
consiguió apagarlo todo.

Ese último abrazo que olía a sal
porque tenía más sabor a despedida
que a mar.

Solo existe en tu mente

El dolor que más se sufre
es aquel que nunca ocurre
pero tú lo vives como si sí.

Y es entonces cuando la vida
pasa a convertirse
en un pasillo oscuro
que me da miedo cruzar,

porque en el fondo
lo que de verdad me aterra
no es la falta de claridad,

sino volver a encontrarme
arañando y abriéndome
de nuevo esa herida
que tanto me costó cerrar.

Cambios

Nuestro lugar sigue siendo el mismo,
aún compartimos los mismos recuerdos
y alguna que otra canción mal entonada.

A simple vista,
todo sigue siendo igual,
pero no es cierto.

Míranos,
somos nosotros
los que hemos cambiado.

Puzle

He pasado gran parte de mi vida
intentando volver a juntar las piezas
de algo que llevaba tiempo roto.

He querido buscar el amor
en los lugares equivocados:
en personas rotas por un (des)amor,
en palabras que ya no decían nada
y en lugares en los cuales
ya ni siquiera estaba yo.

He culpado injustamente a otros
por las heridas que yo misma
terminé por provocarme
y por eso, completamente abatida,
también los herí de vuelta.

Pero con el tiempo lo entendí:
el dolor que tanto sentía fuera,
siempre estuvo dentro
y solo me pertenecía a mí.

Todo cambia cuando comprendes

que perdonarse a uno mismo

es el primer paso

para poder empezar

a perdonar a los demás.

Miradas

Podría decirte que,
lo que diferencia una mirada
de otra cualquiera es, básicamente,
el color de los ojos,
con todas sus guerras
y todas sus noches
de vacío y de insomnio.

Pero en el fondo
te estaría mintiendo,
porque sé de sobra
que eso no es verdad.

Lo que diferencia una mirada
de otra cualquiera
es lo que cuentan los ojos
cuando el corazón
ha perdido totalmente
la capacidad de comunicarse.

Atajos

Es más fácil vivir a oscuras,
porque el camino que se inventa el rencor
es mucho más sencillo de recorrer
que el que teje el perdón.

Si algún día quisieras saber de mí,
tendría que hablarte de muchas personas.

El eco del propio vacío

Duele estar con gente
que no te acepta.

Pero puedo asegurarte
que es muchísimo peor
andar a solas contigo mismo
y no ser capaz ni de escuchar
tus propios pasos.

Rehabilitación

Estoy rota,
pero ya no lo escondo
ni me avergüenzo.

Las fracturas me recuerdan
que, a pesar de esa ruptura,
he podido renacer.

Y lo mismo ocurre con la vida,
que, aunque intente destruirme,
seguiré encontrando otras maneras
para volver a estar de nuevo en pie.

Tiempo verbal incorrecto

Vivo instalada en un tiempo
que no es el presente.

Y no sabes lo que cuesta aceptar
que nunca va a ser mañana,
porque siempre es ayer.

Secretos

Empiezan a pesarme
todos aquellos secretos
que prometí nunca contarme.

Y no justamente
porque haya decidido cargarlos,
sino porque en algún momento
tendré que empezar a aceptar

que todo aquello que llevaba
tanto tiempo negándome,
resultó ser desde un principio verdad.

Salvavidas

Escribir me ha salvado
y lo digo de verdad.

Ahora mis sentimientos
descansan a salvo sobre un papel,
y ya no batallan sin piedad en mi cabeza.

Ahora todo lo que nunca
me atreví a decir(me)
ya no me ahoga.

Agradecimientos

A mí, para recordarme que no tengo por qué seguir reteniendo durante tanto tiempo lo que me hiere. Para entender de una vez por todas que lo que se ha marchado ya no vuelve y que lo que nunca me atreví a decir(me) siempre encontrará la manera de encontrarme, aunque lo evite.

Y a ti, para recordarte que, a pesar de todo, no eres las palabras o los juicios que otros te han asignado sin motivo, sino solo aquellas que tú mismo sabes repetirte, aunque no siempre cuentes con el valor suficiente de atreverte a decir(te)las.